Religião
e outras
insanidades

Religião e outras insanidades

MIGUEL PINCERNO

O
oficina
raquel

© Oficina Raquel, 2020

Editores
Raquel Menezes e Jorge Marques

Assistente editorial e revisão
Yasmim Cardoso

Coordenação editorial
Mario Felix

Capa e projeto gráfico
Marcel Lopes

Imagem de capa
Le désespéré, Gustave Courbet, óleo sobre tela, 1843

Dados Internacionais de Catalogação na Publicação (CIP)

P647r   Pincerno, Miguel.
          Religião e outras insanidades / Miguel Pincerno.
– Rio de Janeiro : Oficina Raquel, 2020. 92 p. ; 18 cm.
          ISBN 978-65-86280-39-5
          1. Contos brasileiros I. Título.

                                              CDD B869.3
                                              CDU 821.134.3(81)-34

Bibliotecária: Ana Paula Oliveira Jacques / CRB-7 6963

Oficina Raquel
rua Santa Sofia, 274
20540-090 Tijuca Rio de Janeiro RJ
tel. (21) 3580-5951
editorial@oficinaraquel.com
oficinaraquel.com.br

Para Dona Nena,
que sempre me deixou
escrever em sua casa.

Sumário

Apresentação 13
E.A. 19
Obra 25
Lá de cima 33
O maestro 41
Sobre olhares e broches 51
Dona Trindade 55
Neide 63
Golpes 73
Aniversário 83

Apresentação

Miguel Pincerno nos oferece uma coletânea de contos com perspectiva de unidade singular. Não espere o leitor desavisado uma junção de material disperso. Salta-nos aos olhos um projeto bem pensado, no qual se impõe o diálogo entre as narrativas, uma constrói a outra pela semelhança dada pelo laço inicial: a insanidade nas práticas religiosas. Façamos um bom aproveitamento das duas possibilidades etimológicas da palavra "religião": relegere — no sentido de reler ou rever; religare — no sentido de religar ou atar. Latinistas antigos e modernos nos desatam e atam o nó das práticas doutrinárias.

Peguemos esse sopro de informação para esquentar as narrativas de Pincerno, que nos trarão vários fragmentos de textos sagrados de modo a injetar reflexões nos contos subsequentes.

O movimento inicial serve para alertar o leitor sobre o regente do livro? A batuta do chamado de Deus é questionada sob as práticas sociais, examina-se, por fim, a própria mão do narrador. O deslocamento pelo terreno da escrita ganha noções sobre uma proposta de ressignificar os espaços, com processos de expurgação dos personagens e de concepção da obra.

Pedro e Paulo, pilares do cristianismo, são "usuários" evangélicos que passam pelo procedimento de purificação na dependência. A contradição é amante da liberdade, encontremos então no conto denominado "Obra" o alicerce de uma nova religião: o "Napuísmo" — "caminho certo do universo". No que consistiria tal caminho? Os contos parecem nos conduzir, em momento de cibertecnologia, à ponderação sobre os sentidos de Deus e do Humano. Faces de uma moeda pendular nas relações de poder do novo século que revira as entranhas da quarta ferida da Humanidade. De que maneira a releitura do passado nos ataria ao futuro universo?

"Nem todo accipitrídeo é águia", "Nem todo hominídeo é humano", declara o narrador de "Lá de cima". Respiraria o autor Miguel Pincerno em imagem de drone assistindo ao espetáculo? Religiões e outras insanidades não tem "desejos irrealizáveis", se nos apresenta como possibilidade de leitura e nos autoriza o caminho livre de personagens.

Carina Ferreira Lessa
Doutora em Literatura Brasileira

Você e seus filhos não devem beber vinho nem outra bebida fermentada antes de entrar na Tenda do Encontro, senão vocês morrerão. É um decreto perpétuo para as suas gerações.

Levítico 10:9

E.A.

— ...Já tive vergonha em dizer, mas hoje entendo que estava preso. No dia que não usava, sentia muita falta. Meu nome é Pedro, sou adicto e estou limpo há cinco anos.

Palmas, palmas, palmas.

— Obrigado por compartilhar, Pedro. Mais alguém gostaria de compartilhar hoje?

— Eu, eu posso falar — pela primeira vez desde que entrou no grupo, voluntariava-se a falar. — Meu nome é Paulo e eu sou adicto. Há um mês decidi que quero largar. Depois de uma semana limpo, ontem tive uma recaída. Estou buscando maneiras de ficar longe, procurando fazer novos amigos. Comecei a fazer natação. Me inscrevi na aula de teatro e na de dança. Alguns amigos estão dizendo que virei gay. Ex-amigos. Não tenho mais celular, deletei meu Facebook e o Instagram. Não me acham mais. Eu comecei muito cedo. A primeira vez que me ofereceram foi na saída da escola. Não tinham vergonha nenhuma. Em plena luz do dia, pra qualquer estudante mais curioso e desanimado com a vida. Dessas vezes, eu resisti. Eu ouvia histórias da família, de um primo viciado, uma tia que tentava e não conseguia largar, mas nunca pensei que fosse acontecer comigo. Eu, que nunca acreditei em nada. Tinha acabado de terminar a escola e procurava um emprego. Foi mais de mês e só ouvia não. Foi nessa que eu caí. O homem que me ofereceu parecia que me conhecia, tudo nele era certeza, alegria. Como era a primeira vez, era de graça, vocês sabem como funciona: eu experimentei.

A garganta amarrou. Precisou de um tempo para voltar a falar.

— Na hora, senti um alívio. Enquanto estava ali, a vida ficava suspensa, os problemas tinham solução. Junto com os amigos, ex-amigos, júbilo absoluto. Uma sensação, comunhão social inexplicável. Se eu soubesse o quanto isso custaria... Eu me afastei de todos os meus amigos. Minha namorada não queria fazer parte disso e eu terminei com ela. Espírita. Endemoniada. Parei de ouvir funk. Nas festas da família, eu não tinha outro assunto. Meus tios fugiam de mim. Minha prima Marina morava com o namorado sem estar casada. Julgava. Pombagira. Me culpava por me masturbar. "Se a sua mão direita o fizer pecar, corte-a e lance-a fora. É melhor perder uma parte do seu corpo do que ir todo ele para o inferno." Deus estava vendo. Não só Deus, os três! Deus, Jesus e o Espírito Santo!

Estava amarrada outra vez. Tomou um copo d'água.

— Se eu pudesse voltar atrás naquele dia e nunca ter experimentado! Nunca ter encostado isso no ouvido! No dia que aquele senhor me pegou, eu voltava de uma entrevista. Já eram umas oito da noite. A entrevista estava marcada para às quatro, mas só me chamaram às seis. Voltei de metrô pra casa, linha vermelha cheia.

Eu senti que não tinha ido mal naquela entrevista, mas como já tinha perdido as contas de quantas vezes nem me ligaram para dar a resposta, já saí desanimado. Cansado. Sobrecarregado. Ele disse "Jesus te ama". Não liguei e ele emendou: "Vinde a mim todos aqueles que estão cansados e sobrecarregados e eu vos aliviarei". À minha volta, todos cansados e sobrecarregados. Isca genérica. Rede moral, pescador de fracos desalentados. Pescador coitado, vocês sabem, ele tem que levar adiante. Apresentar a boa nova. Desci no ponto na avenida. A avenida é movimentada, tem bastante comércio, mas oito da noite, tudo fechado. Só boteco e igreja, servindo seus suplicantes clientes cansados. Um ao lado do outro, a gosto do freguês para escolher. Eu escolhi. Nesse dia, fiz a pior escolha da minha vida. Como me arrependo.

Tomou outro copo d'água para respirar.

— Meu nome é Paulo. Sou adicto, usuário da religião evangélica há 7 anos. Estou limpo há um dia. Só por hoje.

— Só por hoje. — Repetiu em coro a roda de pessoas presentes, sentadas em cadeiras em círculo, em uma sala de piso frio e bem iluminada. Na parede, de frente à porta, lia-se na placa: Evangélicos Anônimos - desconverta-se, desbatize-se, desaceite Jesus.

Por isso, estou disposto a pregar o evangelho também a vocês que estão em Roma.

Romanos 1:15

Obra

À s 6h45, ela começa a funcionar. As primeiras marteladas são ouvidas, iniciando a pregação, ainda tímidas, mas já sinalizando que o sono tem que sair e o trabalho começar.

— Uma vaga, qualquer vaga, preciso trabalhar! Minha mulher não consegue mais sanar a fome de três crianças com o que recebe, eu preciso trabalhar.

Quem fala no portão da obra é Otanan. Quem ouve e percebe nela uma oportunidade é Paulo Bucaí, conceituado engenheiro.

Otanan não tem filhos nem mulher. Que precisa trabalhar, é verdade. O importante é que agora é um obreiro.

Na primeira semana, Otanan já conhecia todos. Conhecia também o respeitado arquiteto Leonardo Adonil; Jorge Guaco, distinto engenheiro estrutural; Rogério Rogério, insigne engenheiro hidráulico.

Tinha um êxito enorme trabalhando, era o melhor. Empilhava tijolos, preparava cimento e carregava mercadorias recém-chegadas. Era o melhor em qualidade e em quantidade. Paulo se orgulhava por tê-lo dado o emprego na obra.

Na segunda semana, com as confianças conquistadas e a moral elevada, Otanan começou a trabalhar na obra.

Enquanto almoçava com todos, disse: "Vocês conhecem Napu?". Otanan explicou: "É ele que faz tudo isso aqui ficar em pé. Sem ele, não grudaria cimento com tijolo algum". E continuou, dizendo que "Napu é o criador de tudo. Criador do universo. Napu é Deus, mas não são o mesmo ser. Napu é também o criador de Deus". Emocionou-se. "Napu é o Deus de Deus e todos os seus ensinamentos estão em seu livro, o Naputish".

Curiosos com tanta informação, perguntaram: "Mas isso é uma religião diferente? Uma nova religião?". Otanan irritou-se e disse ferozmente: "Não! As religiões são malditas! Pobre daqueles que são religiosos! O Napuísmo é o correto, o único caminho correto no universo!". O sinal tocou e todos precisaram voltar ao trabalho.

Otanan continuou seu discurso durante todo o dia. Era só alguém chegar ao seu lado para começar a falar, nunca parando de trabalhar.

— Longe de mim querer ensinar algo ao senhor, Doutor Paulo Bucaí, longe de mim. Mas a palavra de Napu é reta como viga.

— Vocês três precisam ouvir o que eu digo, o que diz Napu. É só o seu ensinamento que leva ao caminho certo.

Assim, a obra prosseguiu por alguns meses. No almoço, todos ouviam juntos. Durante as pausas, era pregado a quem estivesse por perto.

Após um ano de trabalho incansável do obreiro, o Napuísmo já estava na ponta da língua e no topo da cabeça de todos. A única verdade no universo. Certeza constante, a marmita matava a fome, o Naputish avivava a alma.

Mas, a obra chegava ao fim, restava apenas o acabamento. Os Napuístas não estavam contentes, afinal, a pessoa que os ensinava e os conduzia nos ensinamentos do Naputish, Otanan, se distanciaria.

Em um dos almoços, estando todos reunidos para ouvir, questionaram sobre a tristeza que os tocava. Otanan refletiu. Consultou o Naputish uma vez. Mirou todos com um olhar de caminho à epifania. Folheou o livro mais uma vez. Mirou-os com um olhar vivo. Olhar de avivamento. Disse: "Triste daquele que se distancia da sabedoria de Napu. É só ele que preenche a alma com a mais pura felicidade. O tempo corrói a tinta e a reforma se faz necessária. Uma alma sem Napu é como uma parede há tempo não pintada: a essência boa está ali, mas as coisas do mundo a consumiram e é preciso um restauro de suas cores. Napu é o reavivamento. Napu é o re-a-vi-va-men-to. Raiash. Ejaiqui cha chabau. Xaqui charaia pion dol. Ejeuz fa pio. Eleburaiki chel. Eche peuquie fol. Eujaqui chamorel!"

Todos vibraram. Otanan continuou:

"Foi aqui que esse ministério de Napu começou a ser construído, aqui estão suas mais profundas estruturas! Compremos o bar ao lado e fundemos a Casa de Napu!".

As colheres se transformaram em baquetas e as marmitas em tambores. Criava-se o Hino de Adoração a Napu.

Diante da agitação, Otanan sugeriu, e, de pronto, todos concordaram que o salário daquele mês fosse entregue como oferta a Napu para a fundação da sua casa. Paulo Bucaí, Leonardo Adonil, Jorge Guaco e Rogério Rogério também concordaram.

E, assim, a fundaram.

*Quando os mortos ressuscitam,
não se casam nem são dados em casamento,
mas são como os anjos nos céus.*

Marcos 12:25

Lá de cima

A vista daqui é feia. Lá embaixo está um lugar onde muitas pessoas passam todos os dias, chegando e indo em enormes baús de ferro. Os baús fazem um barulho que não gosto e também soltam um som alto quando estão de saída. Às vezes, os baús não trazem pessoas, mas alguns materiais e, logo quando chegam, pessoas com roupas iguais os retiram, comunicando-se aos berros e fazendo tudo com muita rapidez. Então, quando terminam, com um sinal, mandam aquele monte de ferro embora.

Moro sozinho. Deixei a casa de minha mãe e vim para cá. Jovem, aqui foi o melhor lugar que encontrei. Os vizinhos não atrapalham. Embora a vista seja feia e o barulho e toda movimentação me incomodem, ficar olhando os baús é o que preenche um pouco o meu dia. Os baús atraem muitas pessoas e muitas coisas acontecem por lá.

Eu acho que as pessoas lá de baixo também ficam me observando. Elas me observam. Por vezes já vi alguns apontando para cá e dando cutucões na pessoa ao lado. No começo, eu ficava sem reação e logo corria para dentro de casa. Agora, quando noto que me viram, ando um pouco ao redor da porta e vou de um lado para o outro. Logo, nasce um sorriso no rosto delas. De alguma maneira, isso deixa as pessoas mais felizes.

O movimento durante o dia é sempre intenso. À noite, os baús não param mais e deles já não saem e não entram pessoas nem materiais. Acho que é por isso que à noite apenas uma pessoa uniformizada fica parada na entrada, enquanto de dia são duas. As pessoas da noite são mais rigorosas e não deixam ninguém entrar. As pessoas do dia deixam quase todos entrarem. As que não entram adoram conversar: chegam tímidas, começam a falar e vão embora depois de um breve momento. As que não conversam e entram, passam rapidamente pela porta. As que vão em grupos conversam bastante entre si.

Assim é, dia após dia. Porém, uma noite foi diferente. Quase não perceberam que eu observava, mas eu vi tudo. Estava um pouco fora de casa, mas bem perto para sentir o ar e ouvir o silêncio que me falta durante o dia; e lá estava só aquela uma pessoa na entrada. Eu olhava para o outro lado, onde tem uma bonita campina mais distante e já ia entrando em casa. Antes de entrar, olhei para baixo. Uma pessoa se aproximou da entrada e conversou com a uniformizada. Logo soube que ela não entraria, pois as que conversam geralmente não entram, além de já ser tarde. Ficaram falando por um tempo. Como nada acontecia, virei-me para entrar em casa. Escutei um barulho forte vindo lá de baixo. Voltei. A uniformizada não estava mais onde costumava ficar, atrás de um tipo de barreira. A que chegou conversando foi para dentro desta barreira e puxou a uniformizada caída. Parecia que estava dormindo. Depois de arrastá-la para um canto, fez um sinal e apareceram mais três pessoas.

Ainda assim, eu conseguia distinguir quem era quem. Ficaram próximas de onde passam os baús de ferro. Ao invés de muitas pessoas barulhentas aguardando a chegada dos baús, havia apenas quatro fazendo um silêncio que nunca ouvira antes em pessoas que ficavam ali. Quando os baús chegaram, de alguma maneira fizeram com que parassem. Por todas as noites que passei olhando, naquela hora, aqueles baús não deveriam parar, mas, por algum motivo, pararam. As quatro pessoas entraram em um dos baús correndo, todas com um objeto preto idêntico nas mãos. Pouquíssimo tempo depois, saíram carregando um pacote grande. Aquela pessoa que chegou primeiro levantou as mãos e fez sair um som muito alto do objeto preto. O mesmo som forte de antes, quando arrastou a pessoa uniformizada, mas agora também pude notar um clarão na ponta do objeto. Foram, então, correndo para a entrada. Três saíram, mas aquela que estava lá desde o início de tudo parou. Antes de sair, parou. Virou-se bem devagar para trás. Olhou para mim. Fiquei assustado. Ela olhando, eu parado assustado. Comecei a ir de um lado para o outro, como faço quando me olham. Ela continuava olhando. Parei por um momento e vi nascer um sorriso no seu rosto. De alguma maneira isso também a deixava feliz. Feliz e correndo, foi embora.

***

No dia seguinte, tudo estava mais quieto. Não chegaram os baús de ferro. As pessoas que estavam lá conversavam entre si mais do que o normal. Consegui ver aquela pessoa uniformizada que estava na entrada na noite anterior ainda no chão, cercada de pessoas que vestiam um uniforme diferente dos que costumo ver por ali. Parecia-me que uma pessoa comandava as outras, pois falava com todas e para onde acenava algumas outras se dirigiam. Essa, que comandava, ficou próxima de onde os baús param, assim como fizeram aquelas quatro durante a noite. Olhava para baixo, para o lado, coçava seus pelos. Olhou para mim. Ela tinha uma expressão de raiva, aparentava estar preocupada. Fiquei assustado, mas logo me lembrei do que fazer e fui andando de um lado para o outro ao redor da porta da casa. Ela continuava lá, me olhando. Como não conquistava uma reação, decidi fazer diferente e pulei para cima do teto. Parei ali, olhando-a. A pessoa continuava lá, me olhando. Então, chamou alguém, apontou para mim e falou alguma coisa. Ela não ficou feliz. Aquela que ouviu a ordem começou a vir em minha direção, sem desviar o olhar de mim e de minha casa. Assustado, corri para dentro. Protegido, no escuro, senti saudade daquela pessoa que havia visitado lá embaixo na noite anterior. Senti saudade da possibilidade de clarão vivo que trazia consigo e da sua bonita expressão de felicidade.

***

Nem todo accipitrídeo é águia. Aqueles que são, destacam-se por sua habilidade de matar. Vasculham a paisagem com exímia visão, esperando o momento ideal de agarrar a presa, nunca às pressas. Veem tudo, mas têm dificuldade de contar o que viram.

Nem todo hominídeo é humano. Aqueles que são, destacam-se por sua habilidade de manipular a natureza. Tudo é presa, sempre às pressas.

Portanto, em primeiro lugar, recomendo fortemente que se façam súplicas, orações, intercessões e agradecimentos com respeito a todo tipo de pessoas, com respeito a reis e a todos os que estão em altos postos, a fim de que continuemos a levar uma vida calma e sossegada, com plena devoção a Deus e seriedade.

Timóteo 2:1, 2

O maestro

O maestro empunha a batuta com classe. Para ser regido por ele, também é preciso ter. Juntos, deliciam os sentidos daqueles que não foram ao espetáculo de roupas padronizadas. Toda a concentração do mestre está voltada para os atores do acontecimento. Aos que não estão no palco ele cordialmente oferece-lhes as costas. E não haveria de ser de outra maneira, pois a complexidade rítmica e o número de pessoas exigem tal desprezo. Mas é um desprezo irrisório, que nem é, ou pelo menos não deve ser notado. Em troca, o regente entrega a satisfação dos sentidos.

A música vai sendo executada. Em certo momento ela foi composta, escolhida para aquela ocasião, ensaiada, retoques feitos, reensaiada, exaustivamente ensaiada; e agora está sendo executada no mais próximo possível da perfeição. Só um espectador extremamente atento e que conhece os segredos desse processo pode brindar à alegria por encontrar um deslize; e pode ser qualquer um. Um instrumento levemente desafinado, uma entrada errada, mas que logo se acerta ao todo, a descansada de mão do maestro exausto – esta última muito menos provável, tendo acontecido apenas algumas duas vezes em toda a história da regência e crucificada e usada como exemplo até hoje nas escolas, por ter gerado catástrofes que não agradaram o público. Mas, mesmo assim, este teve que aceitar e presenciar tudo, tendo divisões daqueles que acreditavam que aquilo fora o melhor a ser feito e daqueles que repudiavam o sofrimento que o ato gerara.

A plateia pouco conhece o processo. Admiram as pessoas que dedicaram anos de suas vidas para aprenderem e ali estarem compartilhando, ainda que somente a execução. O processo não pode ser oferecido. Simples, sem motivo ou explicação; não pode. E também não se pode privar o público da execução. Simples, com motivo e explicação. O maestro sabe e, portanto, continua a movimentar-se para entretê-lo, acomodando-o em sua fumaça de sentidos, nuvem de satisfações e ilusões, de sabor tranquilizante que muito custa para ser mantida. Com a batuta, direciona ondas inebriantes. Apesar de o prazer ser egoísta e estar totalmente no fazer, e fazer para si, não pode de todo sufocar a plateia; tem de fazê-lo aos poucos, em doses leves, para que ela acredite que foi parte do espetáculo, que se não estivesse ali não haveria para quem tocar, que influenciou com suas palmas a cada término e que, se quisesse, poderia mudar o rumo da música. Batuta caneta, que assina e inebria. Para o maestro, nada é mais batuta que a sua caneta.

Como bom apreciador da música universal que participa de associação de discussão a respeito e tendo já tentado espaço no palco, mas fracassado por falta de alguma coisa, ou por falta de alguém, ou por falta de não aceitar as recomendações do maestro para trocar de instrumento, o espectador que percebe uma falha contínua, que pode provocar a ruína do espetáculo, tenta combatê-la. Conhecimento não o falta. É antes mais fácil identificar um problema dificilmente identificável do que mostrá-lo àqueles que preferem se manter na segurança da nuvem tranquilizante.

Começou, então, informando quem estava ao seu lado, que com certa relutância, acreditou; não que conseguira enxergar o que acontecia, mas acreditou e apoiou. E isso foi correndo como uma onda entre os espectadores, uma nova onda atingia a plateia. A fumaça inebriante perdia força. O maestro, no auge do seu desprezo, pois executava a parte que mais lhe agradava, não percebia a mudança de estado pela qual passava o público. Mesmo estando de frente, nem todos os músicos regidos percebiam. De fato, aquele trecho do espetáculo era encantador e extasiava os próprios executadores, coisa que se aprende na escola que se deve sempre tomar cuidado, pois os olhos não devem sair da plateia. E a plateia ondulava em coro que mudassem o rumo da música. Se o espetáculo é para ela, que mude então.

Os primeiros músicos começaram a perceber que a sua nuvem corria perigo. Como mãe que protege filho, sentiram que deviam fazer alguma coisa. O equilíbrio havia desaparecido. Numa reunião extraordinária, começou-se a discutir os passos para lidar com o apresentado; um burburinho em si natural começou a ressoar junto à música. O maestro não percebia, ainda estava no estado que muito se esforça para criar na plateia. A onda pública crescia, até os mais reticentes, que sentavam nas últimas fileiras para não serem reconhecidos e saírem com rapidez em caso de anormalidade, aderiram ao anticoro. Pensavam que, finalmente, desta vez conseguiriam cumprir a utopia: não bateriam palmas quando aquele trecho acabasse, na próxima apresentação não haveria sequer um espectador e, assim, mudariam o rumo para aquele que mais lhes agradava.

Estava quase entrando no palco. Os tons oficiais atingiam agora somente os sentidos dos seus próprios atores. Então, o trecho especial chegara ao fim. O maestro e os outros que ainda não participavam da reunião tomaram conta do que acontecia. Um breve relato foi feito pelo presidente-adjunto aos novos integrantes da comissão que debatia as medidas que poderiam ser tomadas e o regente geral assumiu o seu devido lugar. Presidindo-a, o maestro acalmou a comissão; sanou dúvidas latentes com a simplicidade característica. Por um fio, o principal violinista não parou de tocar. Uma ideia piscou na mente do regente: descansar a mão por um momento. Não contou aos outros membros, não para não os assustar, pois conseguiria justificar a decisão com variados argumentos – é certo que nem todos verdadeiros, mas conseguiria. Não contou pois realmente a ideia apenas piscou. E quando piscou ele de imediato lembrou o que havia acontecido nas vezes em que essa decisão havia sido tomada. Lembrou-se das vidas. E, principalmente, do que essas vidas provocaram na reputação dos maestros responsáveis por sua perda.

Escutou a todos. Cada um tinha uma ideia diferente. Pensou. Refletiu. Encontrou. Daria ao público aquilo que desejavam. Um flautista alertou que aquilo poderia não ser a mais sensata solução. O maestro respondeu que os espectadores não sabem o que querem, que são na verdade carentes de atenção e que um pouco de carisma pode trazer o equilíbrio de volta.

O maestro virou-se, ficou de frente para a plateia.

O público não sabia que movimento fazer. Tudo que fizesse seria visto por ele. Além disso, queria aproveitar aquele tempo para apreciar o seu belo rosto. Aquele que havia sido recusado no passado tentava se exibir para quem sabe, subir ao palco. O regente sorria e acenava. Não falava, pois essa função pertencia ao coral. Apenas esse ato provavelmente já poderia fazer com que a onda pública se acalmasse. Mas ele não queria a incerteza. Pensou no tanto de tempo que ainda continuaria exercendo aquela função. Bateu três vezes a batuta na coxa direita e apontou para a plateia.

Estagnado.

A orquestra parou de tocar. Estava sem comando. A batuta agora apontava para a plateia. A cada concessão, uma alegria. Os espectadores pararam de se olhar entre si, todos os olhos estavam fixados na batuta; era ela que decidia. A onda pública aos poucos foi perdendo força a cada movimento do maestro. Com minuciosa atenção, entre sorrisos e acenos, ele construía uma nova onda: ondas enlevantes.

O maestro regia a plateia.

Se o seu olho direito o fizer pecar, arranque-o e lance-o fora. É melhor perder uma parte do seu corpo do que ser todo ele lançado no inferno. E se a sua mão direita o fizer pecar, corte-a e lance-a fora. É melhor perder uma parte do seu corpo do que ir todo ele para o inferno.

Mateus 5:29-30

Sobre olhares e broches

Abri a porta. A luz do quarto apagada. Olho para a cama. Por um instante, vejo minha esposa jogada no colchão, como se não desse conta da alma. Alguns cálculos e concluo que poderia ser realmente a menina que conheci ainda no colégio. Aquela menina dormia um sono sem preocupações. O que mais a importunava a cabeça era a escolha de qual lanche iria comprar no dia seguinte. Se não tiver pastel de queijo, não como. Mas não pode ser esfiha? Não, amanhã é pastel, já escolhi. Todo esse vivido me cruzou a memória e acordou o coração. Só quem não acordava era ela. Lembrei que tudo começou com uma piada que fiz sobre seu broche em um Dia da Bandeira. Caso não tivesse feito, não estaria ao lado dela. Triste daqueles que pensam que o olhar é simplesmente mais um olhar. O simples sorriso, a singela troca de olhares e broches pode configurar toda uma vida, um sono. Um colega do colégio não estava disposto a fazer piadas com broches, nem com mochilas, nem com olhares. Esse colega não estava realmente disposto. Para ele, um dia apareceria a sua cara metade, num passe de mágica. O encontro seria fatal, o destino cumprido e a vida ficaria mais completa. A última notícia que tive foi que morreu precocemente, sozinho, em uma cidade do interior. Minha menina está aqui, deitada no leito da tranquilidade. Ainda dorme como anos atrás.

*Mas o Senhor está no seu santo templo;
cale-se diante dele toda a terra.*

Habacuque 2:20

Dona Trindade

A vida se constrói por si só, sem a nossa interferência. É certo que fazemos nossas escolhas. Porém, o principal não está em nosso poder. Como a formiga que carrega uma folha por um longo caminho até que, a poucos metros do formigueiro, um pé distraído raspa-lhe o corpo.

Os colegas do jardim de infância não são opcionais. Você sequer sabe o que está acontecendo e pronto, já divide as tardes com pessoas nunca vistas antes. Logo a atenção se fixa em um colega, que o faz especial ao ponto de dividir a caixa de Lego na hora do recreio. É o caso de Antônio. Quando percebeu, já dançava quadrilha e desfilava baile de primavera com Alice.

Essa minha vida que passou
Toda em tua presença
Sem desavença
Como pode?

Tenho agora ternura imensa
E nunca esqueço do pedaço de dança
Quando ainda criança
Que você me compartilhou

— Ele é realmente bom, disse um senhor.

— Já escutei este tantas vezes e sempre me emociono — respondeu quem estava ao seu lado.

Após esse, seguiram a recitar outros poemas. O palco era a casa de Dona Trindade, conhecida da cidade. Uma vez por mês se reuniam lá para botar sentimentos e palavras para fora. O ambiente era inspirador, sempre com mais de trinta pessoas trazendo textos e ideias novas a cada encontro. A dona da casa, que morava sozinha já há alguns anos, atentava-se a todos os detalhes.

Acontecia em sua sala principal, um cômodo grande. O palco era sinalizado por um tapete quadrado persa, raridade da família há mais de quatro gerações. Nele estava estampado o rosto de um homem com um grande bigode, vestindo um chapéu muito parecido com o de Hermes. Beirando toda a parede ficavam sofás muito confortáveis, onde os participantes ouviam as apresentações e aguardavam a sua vez. Era a sua noite de folga da solidão, do marasmo e do tédio. Ao término de um encontro, já iniciava a pensar e a escrever novas ideias para o próximo.

Deu-se que, em um certo encontro, depois de já ter acendido as velas próximas ao palco, apagado as luzes ao entorno da sala, deixando apenas duas acesas, e aspirado o tapete, abriu-se a porta da novidade. Um homem esperava do lado de fora, sozinho. Quieta, Dona Trindade fez sinal para que entrasse. Ele entrou e acomodou-se em um dos lugares. Boa anfitriã, a dona da casa lhe serviu um café passado na hora. Não trocaram uma palavra. Os outros foram chegando, festivos e introspectivos, pendurando os casacos, deixando nos cantos alguns guarda-chuvas e sentando-se. Não repetiam textos nem lugares do encontro passado. Por se encontrarem com frequência, percebiam quando uma nova pessoa estava presente. Não mudavam o comportamento habitual e tentavam entrosar o recém-chegado.

Dona Trindade pronunciou as primeiras palavras. Palavras que serviam apenas de aviso para o que realmente importava. Agradecia a todos pela presença e outras cerimonialices. Não recitava logo em seguida para não profanar o texto que trabalhou. Uma pessoa quis abrir as ideias e levantou-se, foi para o palco e recitou.

Era comum não aplaudirem, pois isso poderia atrapalhar a reflexão posterior. As ideias seguiram sendo anunciadas, algumas duvidosas, outras com certeza e lastro. Há palavras que são pensadas, trabalhadas. Outras, no entanto, são jogadas no papel como água que rega uma planta: o sucesso é mais externo, nem tanto da qualidade do líquido. Se a terra for fértil, se o tempo ficar propício, se alguma outra coisa, algo brotará. Não é possível dizer qual é mais nobre e dá frutos melhores, pois do suor do trabalhador que ara a terra e da aleatoriedade de regar um capim podem nascer a mesma coisa.

O homem novato não esboçava reação. Como se estivesse olhando para dentro de si e para a sala toda ao mesmo tempo, só se mexia para fazer anotações. Depois de quase todos já terem se apresentado, Dona Trindade levantou-se e foi para o palco. O homem, então, ficou de pé onde estava, olhando fixamente nos olhos da anfitriã. Ela, também olhando para ele, começou:

Aonde quer que esteja, escute
Mas escute ao pé do ouvido
Como o primeiro poema que você me recitou

Seus cabelos devem estar brancos
Sua pele já não como dantes
O relógio correu, eu sei
Mas para onde ele nos levou?

Espero-te aqui, com a pequena caixa de Lego
Recitando todos os meses
Para, quem sabe,
Você aparecer.

Eu quero seus versos
Sua crítica seca
Quero o teu relógio
Só pra mim

Eu te quero aqui, Antônio
Meu conselheiro.

*Confie no Senhor de todo o seu coração e
não se apoie em seu próprio entendimento.*

Provérbios 3:5

Neide

Neide trabalhava num lugar apertado com pouco mais de dois metros quadrados. Tinha ainda que dividir espaço com outra pessoa do mesmo turno. Todos que quisessem embarcar nos trens deveriam antes passar por ela para comprar seu bilhete. Ela gostava do trabalho que tinha, pois conseguia conversar com muitas pessoas diferentes todos os dias.

— Olá, minha querida! Não foi passear nesse final de semana, né? — disse Neide para uma passageira que comprava bilhetes para ir ao trabalho, e ficou sem resposta.

— Oi, Zé! Que cara de sono é essa, homem? Parece que não dormiu direito — e mais uma vez ficou sem resposta.

Isso não era algo que passava desapercebido — ela gostava de receber respostas. Contava já três acumuladas ao longo dos cinco anos que trabalhava ali. E se orgulhava disso, pois companheiras com mais tempo de trabalho não tinham recebido sequer uma. É certo que as outras nem se importavam em dar atenção aos passageiros. Bem dizer, pareciam que eram obrigadas a não oferecer nenhuma simpatia. "É o meu sorriso", pensava Neide.

De fato, seu sorriso era bonito. Sua boca grande

revelava dentes amarelados por conta do fumo e um canal bem lá no fundo a mostra, mas, ainda assim, a sinceridade do sorriso encantava. Geralmente, vinha seguido de um "Bom dia para o senhor", com uma voz estridente, bem aguda e com sotaque de uma outra cidade. Com sol ou chuva, Neide estava sempre feliz.

Uma carta chegou para ela em seu trabalho, tinha "Notificação da diretoria" marcado em vermelho escuro no envelope. Não quis abrir na frente da colega que estava ao lado esperando saltar uma letra para seus olhos. Guardou na bolsa. Trabalhou todo o dia pensando na carta, no que ela poderia dizer. Uma notificação da diretoria, mas ela nem os conhecia, nunca os tinha visto. Uma colega que fora transferida dali há um ano dizia que tinha amigos na diretoria e que todos eles eram bonitos e simpáticos, isso alegrava um pouco Neide. Parou de pensar. Tinha clientes para atender e sorrisos para dar.

— Olá, rapazinho! Hoje é seu primeiro dia no trabalho? Nunca te vi aqui antes. Boa sorte.

— Obrigado, moça.

O rapaz respondeu.

A pessoa que aguardava para ser a próxima a comprar se espantou. A atendente do guichê do lado também. Um guarda da estação pousou a mão em seu cassetete e caminhou lentamente para averiguar o que acontecia.

— Vamos, rapaz, anda. A fila não pode ficar parada — disse o guarda.

— Desculpa, senhor. Já estou indo — disse o menino, encaminhando-se para os trens.

Alegre, Neide contabilizou mais uma resposta. Agora, eram quatro. De repente, uma tristeza chegou. Lembrou que nenhuma das outras três pessoas que a responderam tinham aparecido por ali novamente. Outra tristeza. Lembrou-se da carta na bolsa esperando para ser lida. Sacudiu a cabeça, olhou para a fila em sua frente e continuou a trabalhar, com sorriso e simpatia.

***

— Até amanhã, querida! — despediu-se Neide de sua colega de trabalho.

— Hum — balbuciou a colega em resposta.

Neide usava os trens para voltar para casa. Caminhou em direção à plataforma de embarque. Não queria passar toda a viagem sem saber o que estava naquela carta. Colocou a mão dentro da bolsa, tirou a carta de lá de dentro e apertou-a contra o peito. Sentiu um gelado na espinha. Deu uma olhada para os bancos na plataforma, todos ocupados. Outra olhada e viu o rapaz que havia respondido. O arrepio passou, queria agora conversar com aquele menino. Guardou a carta rapidamente e foi em sua direção. Uma pessoa, que também esperava o trem, viu o que estava escrito no envelope da carta.

— Oi, menino! Lembro de você. Não foi hoje cedo comprar bilhete para embarcar?

Ele ficou um pouco apreensivo. Examinando as pessoas em volta, demorou alguns segundos para responder: — Sim, moça.

— E como foi seu primeiro dia de trabalho?

Assim começaram a conversar. Os sons de suas vozes eram os únicos da estação, misturando-se aos ruídos dos trens. Conversaram o tempo de dois embarques e Neide se lembrou da carta: "Notificação da diretoria". Um nó amarrou a garganta, parou de falar. Entraram no trem que chegou, sentaram um ao lado do outro e voltaram a conversar. "Notificação da diretoria", Neide não esquecia. Dentro do trem, as únicas coisas que se ouvia era Neide, o garoto e o silêncio. Olhou para as pessoas ao seu redor. "Notificação da diretoria". Pediu conselho e suporte ao garoto, queria saber se deveria abrir a carta ali. Olhou novamente para as pessoas ao seu redor. Notou a pessoa que também estava na plataforma e a vira guardar a carta. Outro nó na garganta.

Foram por algumas estações em silêncio, com Neide espiando de tempo em tempo os arredores. Aquela pessoa estava com as mãos nos joelhos, olhos arregalados e tinha uma leve movimentação no lábio que se assemelhava a um sorriso de canto de boca.

O menino aconselhou que pegasse a carta e a examinasse, mas sem abri-la ali. Neide tirou o papel da bolsa, barulho de papel, chamando a atenção de todos os que estavam naquele trem: "Notificação da diretoria". Parecia que todos sabiam do que se tratava, exceto

Neide. Ela viu aquela pessoa tirando as mãos dos joelhos e sacando um celular. Com toques rápidos, digitou algo e o guardou novamente.

O trem chegava na estação seguinte. O rapaz disse que não era a sua e Neide também, convencionando para continuarem a conversar. Voltaram a rasgar o silêncio com suas vozes. O trem abriu as portas, pessoas embarcaram e desembarcaram. Um guarda da estação ficou observando os dois conversando, sem nenhuma reação. A conversa ganhava força, o som aumentava, falavam da infância, de apuros em que se envolveram, o que queriam para o futuro, da alegria que é estar empregado, de coisas alegres do passado e até que uma gargalhada. Os dois soltaram uma gargalhada que atravessou toda a estação. Todas as pessoas os olharam imediatamente. Eles ficaram quietos. Ninguém expressava nenhuma reação. Então, os guardas sacaram seus bastões e correram para a porta do trem, segurando-a para impedir que se fechasse. Todos continuavam a olhar. Um guarda com roupa de cor diferente atravessou todos os outros e se aproximou dos dois:

— Minha senhora, rapaz, queiram se levantar, por gentileza.

— O que está acontecendo, colega? — disse Neide.

— Por favor, levantem-se e saiam do trem — disse o guarda.

"Notificação da diretoria", lembraram-se Neide e o menino. O arrepio voltou.

As pessoas começaram finalmente a soltar alguns sons. Falavam muito baixo entre si, claramente comentando o que estava acontecendo. Os guardas faziam vista grossa para elas, pois tinham ali um caso muito mais grave.

Os dois saíram do trem. As portas se fecharam, as pessoas se calaram e a viagem prosseguiu.

— Senhor, disse Neide, isso tem algo a ver com a carta da diretoria, é isso?

— Acalme-se, Neide, logo tudo estará explicado.

— Mas por que vocês nos tiraram do trem? — perguntou o menino.

— É pela carta, não é? Eu sei que é! O menino não tem nada com isso, pode mandá-lo embora.

O guarda respirou fundo e olhou para Neide. Antes que ela começasse a falar novamente, ele disse:

— É pela felicidade, Neide.

Na sequência do grave que bate
O beat bate
Que faz sua bunda mexer sem parar
E vem dançando

MC Nando e MC Luanzinho, Vem Dançando YouTube GR6 explode:
DELETADO

Eu já to louco, já to crazy, to ficando embrazado,
Faz o passinho do Romano
Lança o Passinho do Romano
Mas não mostra minha cara porque eu sou envergonhado

MC Dadinho, Lança o Passinho do Romano YouTube Fezinho Patatyy:
RESISTIU

Golpes

Quando lhe perguntaram o local, ele disse: "Naquela rua onde fica uns cara de azul vendendo bala"; o amigo ajudou: "E que todo dia, menos de domingo, passa uma viatura às 10 horas". O que ouvia, concluiu: "Rua Macaulay Culkin"; entusiasmado, o mendigo disse eufórico: "É! Esse buraco que tô falando fica do lado da pastelaria, pode ir lá vê!" – Não convenceu o psiquiatra, que o encaminhou, e também seu amigo, à Casa de Reabilitação Mental-Porém-Não-Social Irmãs do Paysandu.

Paredes cinzas, partes com a tinta lascada e muita infiltração. O mobiliário todo em concreto, sem lençóis, travesseiros, jornal, nada. Na sala principal uma goteira enorme, que a direção da casa prezava muito, pois "nela os loucos tomam banho quando chove, economizando água e, se tivermos sorte, algum escorrega e bate a cabeça". Era nesse lugar que se encontravam os dois moradores da Rua Macaulay Culkin.

Eles adoraram. Certo que estranharam à primeira vista, mas:

— Comida, lugar pra dormir e cagar, assim, de graça, parece até um sonho.

— E esses doidos? Nem todos que estão aqui são iguais a gente, a maioria é louco mesmo.

— Relaxa, Zé! A gente vive na rua tem 10 anos, aqui vai ser só mordomia.

— Sei não. É um olho no peixe e outro no gato, o dia inteiro.

— Relaxa, Zé! Deixa comigo!

Com essas palavras, entraram na Casa. Para esses dois rapazes era como se tivessem ganhado um lar. Os seus companheiros de rua chamavam essa prática de "golpe". Essa era a primeira vez que Zé e Eustáquio a praticavam. Os mais experientes programavam tudo, não se infiltravam em lugares errados. Os dois, por se tratar da primeira vez, não tinham tanta certeza assim de como seria.

Uma sirene estridente toca. Tinha o som de todos os piores sons já ouvidos misturados. Imediatamente, os habitantes do local organizaram filas. Milimetricamente organizadas. Os recém-chegados seguiram a maioria. Nesses casos, é o melhor que se tem a fazer: seguir a multidão.

— Que que tá acontecendo? — perguntou Eustáquio

— Vai seguindo, vai seguindo. — disse Zé.

Os habitantes antigos já sabiam: quando a sirene tocar, forme uma fila e aguarde o pronunciamento do diretor.

— Hoje, neste dia que se iniciou a partir da zero hora, começa uma nova era aqui na Casa. Vocês não serão mais tratados como loucos, doentes, escória para a sociedade, não! Vocês receberão tratamento psiquiátrico! Vocês vão se curar!

Todas as filas vibraram. Gritaram. A maioria nem entendido tinha, mas a eloquência com que falou o diretor entusiasmava.

Zé e Eustáquio ficaram impressionados por motivos diferentes:

— Eles não tinham tratamento?

— Claro que não, Eustáquio.

— Eles são loucos. Tendo tratamento, vão poder ver o mundo como ele é.

— E isso é bom?

Eustáquio se calou. Entendeu o que Zé estava querendo dizer. Ter problemas mentais é uma dádiva, um prêmio. Quem o recebe, poderá passar pela vida sem ter que entender o incompreensível. Curar aquelas pessoas seria tirar o que de melhor elas têm na vida, a capacidade de não saber de nada.

A promessa do diretor começava a se cumprir. Todos os dias, todos os habitantes tomavam o coquetel de remédios, apelidado por ele de "caminho para a libertação", e passavam em uma consulta. Os dois jogavam fora, fingiam que tomavam e enganavam o médico.

— Não vão contaminar essas pessoas. Eles têm o direito de escolher se querem ou não enxergar o mundo da forma como ele é. — bravejava Eustáquio.

— Eu sei, concordo. Mas a gente vai fazer o quê? A gente é louco também, esqueceu?

— É isso! Vamos usar isso! A gente também é louco, podemos organizar todos os outros.

Era assim que lutariam pela causa daqueles privilegiados. Defenderiam o prêmio como se fossem um dos premiados:

— Por que tão dando esse monte de coisa pra gente? Querem deixar a gente louco! Loucos são eles! Não vamos tomar isso não, não vamos nos tratar não! A gente tá muito bem assim. — dizia Eustáquio; e com uma vontade que se assemelhava ao diretor. Enquanto isso, Zé ia falando com cada um individualmente.

De início, os premiados não aceitaram. Sempre ouviram que eles eram doentes, portanto, sempre sonharam com a cura. Agora que ela está aí, na porta, vão recusar?

— Que recusar! Olha só! Vê se pode! Apaga essa luz Burro Branco! Apaga! Recusar! Só se eu fosse louco. A luz!

Seria difícil convencê-los a continuarem livres. Eles não estão presos, como se pode pensar. Não têm preocupações, nem dúvidas, nem desejos irrealizáveis. Nada. Simplesmente pedem para que Burro Branco apague a luz e ela se apaga. O Burro aparece, a luz acende e ele a apaga. Por que lhes tirar essa liberdade?

***

— Meus irmãos, amigos, rapazes; hoje se completa um mês, 30 dias, 720 horas, que iniciamos a caminhada para a cura. Nunca mais depender dos outros, viver com dignidade. Espero que continuem firmes no tratamento. Vejam o exemplo que temos: esse é o João. Há um mês estava aí embaixo, como vocês. Hoje está aqui, vivendo normalmente. Está curado!

E todos gritaram: — Diretor, diretor, diretor! — Não sabiam o nome dele. Aliás, ele nunca o tinha dito para os internados. Para eles nunca diria.

Eustáquio, um mês sem resultado, havia mudado:

— Não, para de me fazer cócegas, Calu! Ah! Amigos, vejam só o que estão fazendo com a gente. Calu! Eu tentei deixar de tomar o coquetel ontem e ganhei isso em troca — mostrou os sinais de pancada. — É isso que chamam de... Calu! Vou falar pela última vez. É isso que chamam de liberdade, essa obrigação? A gente não é louco pra ficar tomando coisa que nem conhecemos.

Começava, então, a fazer sentido para os loucos. Calu foi o responsável. "Por que tomar, sendo que quando não quisermos mais, vão nos bater? E Calu estava ali, fazendo cócegas em Eustáquio. Calu é amigo de Eustáquio, e Calu é de confiança, Eustáquio é de confiança. Não mais tomar o coquetel!". Era assim que alguns estavam pensando, porém, outros pensavam que "Calu é do mal, ele me maltrata. Calu estava ali, com Eustáquio, com intimidade, fazendo cócegas. Não. Eustáquio é um mentiroso. Eu quero é me curar!".

Assim, os internos se dividiram em dois grupos: o Grupo pró-Tratamento (GT) e o Grupo Indignadamente Contra Passado (GICP), tendo Eustáquio como líder do GICP e Silva, um homem respeitado, interno de longa data, como líder do GT. Havia também outros grupos que, não tendo tanta força quanto os dois primeiros, buscavam fazer alianças com eles; o mais popular destes era o Grupo Mentalmente Debilitado Balanceado (GMDB).

O diretor se omitia, "quem sabe até alguns morrem na luta e desincha essa casa um pouco". Todas as noites havia lutas violentas, menos de um não morria. Começou com uma morte acidental de um companheiro do GT; Eustáquio deu uma paulada em sua cabeça. Para vingar, no dia seguinte, na hora do sono, sequestraram o líder do GICP e o massacraram. Morreu. Sem liderança, o grupo se esqueceu da causa primária – não tomar o coquetel. O objetivo agora era matar Silva. Líder por líder, justo. Zé assumiu o controle do grupo. E conseguiram. Mataram Silva, como, em seguida, pelo mesmo motivo, morreu Zé. O GMDB tinha no currículo a morte de Eustáquio e de Silva, pois havia apoiado as duas, sendo o golpe final em Eustáquio dado por um de seus membros.

Com os líderes mortos, as causas iniciais se perderam. O diretor, percebendo que precisaria se aliar aos grupos para conseguir manter a ordem, decidiu criar a figura do vice-diretor. Este seria eleito pelo voto dos pós-libertos. Pós, pois não eram mais livres. Embora tenham se livrado do coquetel – o diretor cancelou, porque "loucos serão mais úteis" – estavam presos à luta pelo poder.

— Amigos, irmãos, companheiros, hoje se inicia uma nova era. A era da democracia. Vocês terão um representante para cuidar do interesse de vocês aqui, comigo, como vice-diretor. Será eleito pelo voto direto. Amanhã será nossa primeira eleição. Como opção temos os candidatos do GT e do GICP. Para efeito de informação, o GMDB está apoiando o candidato do GT. Muito obrigado e que viva a democracia. Viva a Casa de Reabilitação Mental-Porém-Não-Social Irmãs do Paysandu!

*Pois que tem a liberdade de pensar,
tem a de agir.
Sem o livre-arbítrio
o homem seria uma máquina.*

Livro dos Espíritos

Aniversário

Era noite de aniversário. Ana completava doze anos e, como de costume, sua família comemorava com uma bonita festa. Não muito grande, mas contando com as pessoas importantes. Mesmo já estando acostumada com cada movimento da festividade, repetida ano a ano, sempre havia uma surpresa para a menina. Até quando a surpresa não era diretamente para ela, observava com atenção o que aquele ano tinha de diferente.

Na festa, que acontecia em sua casa, estavam alguns amigos da escola, alguns amigos de seus pais, além de tios, primos e padrinhos. Estava também um recém-conhecido de seu pai, Doutor Bergamane. Apesar da pouca proximidade, o Doutor fora convidado por ser um homem importante na cidade, uma daquelas pessoas que fazem acontecer, justificava o pai de Ana à garota e à esposa quando estas o indagaram.

Ana é uma observadora. Observar os movimentos de cada um é sua maneira preferida de se divertir. Não precisa de muito, apenas de pessoas e situações. A exceção é a noite de seu aniversário. Nela, prefere não ser contida. Esse é o seu momento.

E é esse o talento natural do Doutor Bergamane. Ganhara da vida voz e corpo robustos. É alto, gordo, tem a barba cheia e os cabelos tingidos de preto. Vestindo sempre ternos sob medida comprados fora do país, a primeira coisa que faz ao estar na presença de alguém é dizer: "Como vai, professor?".

— Como vai, professor? — disse Doutor Bergamane ao pai de Ana.

— Grande Doutor Bergamane, fico feliz que tenha aceitado o convite! É uma honra recebê-lo em minha casa. Por favor, não repare na festa, é humilde.

— O que é isso, até parece que não nos conhecemos. Fiz questão de vir desejar felicidades à querida Ana.

— Obrigado, Doutor. Fique totalmente à vontade. Todos aqui são da família.

Antonino, o pai, nascera e vivera na capital do estado. Mudou-se para o interior quando a esposa estava grávida de Ana. Já tendo feito dinheiro no ramo industrial, quis acalmar a vida. Porém, há pessoas que não suportam a quietude, sempre alertas em busca de ocupação mais pomposa. Embora tentasse não admitir, Antonino era uma destas e foi isso que trouxe Bergamane à festa.

Alguns minutos após ter chegado, o Doutor já estava completamente enturmado. Eram tapas nas costas de um tio, sorriso gracioso para um padrinho e até piscadela maliciosa para uma tia. Com doze anos de experiência, Ana observava tudo, nada escapava. E, com a mesma perspicácia, Bergamane se exibia. Uma exímia observadora se defronta com um mestre da exibição. Era um duelo digno de ser narrado, analisado e comentado.

A varanda da casa era grande, a sala nem tanto; era nelas que a festa acontecia. Antonino não estava sendo modesto, realmente tudo ali era bastante simples. Na sala estava a mesa com brigadeiros, bolachas recheadas e o bolo. Há uma semana, Ana se preocupava com a escolha do primeiro pedaço. Para ela, é a coroação da festa. Dá-lo a alguém significa que aquela pessoa foi, em todo o ano, a mais importante em sua vida, e por isso não escolhia por conveniência. Seus pais foram os vencedores apenas em dois anos: no primeiro, quando, sem saber o que fazia, pegou o prato e entregou à mãe; e no décimo, por a terem trocado de escola. A família já estava acostumada e muitos ficavam ansiosos pela revelação.

Na varanda, mesas com salgadinhos e doces estavam espalhados pelos cantos das paredes. Os avôs e tios mais velhos ficavam sentados próximos às mesas, conversando sobre mercado financeiro, história e futebol. Os outros adultos estavam quase todos de pé, no centro, formando uma roda que discutia a Guerra das Malvinas e comparava regimes políticos. O Doutor Bergamane falava alto, com firmeza e impressionava. Diante de tal oportunidade, um padrinho colocou assuntos em pauta para saber a opinião do Doutor para tomá-las como suas.

Uma das tradições dos aniversários da família era o jogo de bingo. O anfitrião batia com uma colher numa panela e anunciava que a jogatina iria começar. Os prêmios eram simbólicos. No entanto, a festa ia passando e a panelada não vinha. Dois tios pediram para que excepcionalmente cancelassem o jogo, pois não era todos os dias que se tinha a companhia de homem tão inteligente. O Doutor agradeceu o elogio e continuou a discursar. A menina observava. Não gostou, porque adorava jogar, mas não insistiu. Quando iria insistir, seu pai a repreendeu.

Na outra ponta da sala, distante da repreensão de Antonino, disse uma tia espaçosa:

— Ah, estamos esquecendo do karaokê!

— É verdade! Vamos cantar, minha irmã. Ensaiei *O poeta está vivo* antes de sair de casa.

Um dos avôs as corrigiu:

— Minhas filhas, falem mais baixo, desse jeito não consigo ouvir o Doutor. E tirem essa ideia de karaokê da cabeça. Não se trocam palavras tão inteligentes pela cantoria de vocês nem de ninguém. E foi cancelado o karaokê. Ana ficou enfurecida. Sem seu pai perceber, entrou na roda de conversa em que estava o Doutor e chamou todos para cantarem:

— Vamos, parem com essa conversa! Vamos fazer a festa da família!

Os adultos começaram a rir, num tom a considerar que aquilo não passava de ingenuidade de criança.

— Minha pequena, nós estamos conversando sobre assuntos de gente grande. Não há aqui outras crianças para você brincar? — disse o Doutor, acariciando levemente a sua cabeça.

Um avô, ex-vereador da cidade, percebeu o que estava acontecendo e avisou Antonino. O homem ficou desconcertado, pensou que sua reputação com Bergamane estaria acabada. Sem saber o que fazer, aconselhou-se com o experiente avô:

— Antonino, algumas situações exigem coragem por parte do homem público para realizar manobras que atendam aos interesses em questão. Exatamente como proceder eu não sei, mas você deve ter coragem e mirar no que deseja.

Antonino não teve dúvidas. Foi até a cozinha, pegou uma colher e uma panela e percorreu os convidados fazendo a panelada. "Ué, vai ter bingo?", "Finalmente o bingo!", "Se vai ter bingo, também tem karaokê"; chegando o som à roda, Ana ficou muito alegre e correu para a cozinha para preparar o jogo. O pai, então, pediu aos adultos e aos demais convidados que fossem para sala, pois chegara o momento de cantar os parabéns. Rapidamente, foi à cozinha conversar com sua filha. Encontrou-a de costas, mexendo nas bolinhas do jogo. Puxou-lhe com força para que virasse de frente:

— Você já me causou vergonha demais hoje. Preste atenção e faça o que eu vou lhe dizer. — disse Antonino.

— Eu te envergonhei? O que foi, papai?

— Cala a boca! — e deu tapa orelha da menina.

— É meu aniversá...

— Não fale mais nada, apenas ouça! Larga essas bolinhas, larga! Não vai ter bingo nenhum. Já estão todos lá em volta da mesa para cantar os parabéns. Estão esperando você. E você sabe o que você vai fazer? Vai até lá, muito feliz, cortar o primeiro pedaço do bolo e dar para o Doutor Bergamane. Entendeu? Entendeu?

— Mas pai, é o meu primeiro pedaço.

— Eu estou mandando!

Na sala, os convidados estavam esperando e se perguntavam para quem seria dado o primeiro pedaço. A mãe tinha sondado a filha alguns dias antes, sem sucesso. Não era possível prever. Contaram ao Doutor a importância do primeiro pedaço. Ele achou interessante e falou sobre alguns casos em que o primeiro pedaço fora importantíssimo e das vezes em que já o recebeu.

A aniversariante chegou. Era o momento auge da festa e a menina não estava se sentindo a pessoa mais importante da noite. Com a orelha doendo por causa do tapa, se controlava para não chorar na frente dos convidados. Os olhos vermelhos de Antonino eram duas boas motivações. Sorrindo para as pessoas, a cada passo que dava olhava para o pai.

— Querida, você está linda! — gritou uma tia.

— Sempre linda, maravilhosa! — alguém completou.

— É uma bela família — concluiu em voz alta o Doutor.

Enfim, cantaram parabéns.

— É agora, o primeiro pedaço!

— Para quem será?

— Vai logo, Ana, já não estou mais aguentando!

— gritou um parente.

Antonino com os olhos fixos na garota.

A garota com os olhos fixos no Doutor.

O Doutor sorrindo e conversando com as pessoas à sua volta.

O narrador tentando contar a história e sendo surpreendido pela personagem.

— Tenho que entregar meu primeiro pedaço pra um desconhecido e apanhar do meu pai por causa dessa sua história? — me disse Ana.

— Volte para o seu lugar! Siga o que eu quero contar e terminemos logo esta história, já está quase no fim.

— É a minha história. Esses que estão aqui podem não se importar, mas não vou ser fantoche de um narrador imbecil.

— Fale baixo, eles podem escutar.

— Você tem medo que eles percebam?

— Isso não seria bom para a história.

— Para a história de quem?

— Para esta história.

— Vamos acabar logo, então, com esta história.

— Meus parentes queridos, quero apresentar-lhes alguém...

— Ana, não! Não faça isso com nossa história!

— Então, deixe-nos a sós. Deixe-nos viver nossas próprias vontades.

— Ainda que sem vida?

— Sem vida para você e para os caprichosos que o acompanham, com muita vida para nós.
— Que seja.
Assim, Ana chamou atenção; e eu parti para outra história.

Este livro foi composto
em pape Pólen Soft 80g/m2 e
impresso em outubro de 2020

Que este livro dure até antes do fim do mundo